aromatiques au balcon

Laurent Bourgeois

Photos : Flore Palix

aromatiques au balcon

rustica éditions

Dépôt légal : avril 2010
ISBN : 978-2-84038-989-7

www.rustica.fr
www.fleuruseditions.com

Sommaire

cultiver des aromatiques sur son balcon

Généralités

Chacun trouve de bonnes raisons pour cultiver ses aromatiques en pots. Pour certains, c'est l'absence d'un jardin qui incite à cultiver des plantes sur le balcon ou le rebord de fenêtre ; pour d'autres c'est le besoin de rentrer certaines plantes sensibles au gel, ou alors, c'est tout simplement la facilité d'avoir à portée de main une touffe de ciboulette ou un brin de romarin sans avoir à courir au jardin. Parfois c'est le manque de réussite en pleine terre qui pousse à essayer des techniques hors sol. Il faut bien avouer que la beauté de certaines poteries en terre cuite donne envie de faire pousser de belles plantes qui deviennent de vrais éléments de décor. Quelles que soient les raisons qui nous poussent à les cultiver en pots, les plantes aromatiques s'y prêtent parfaitement : leurs développements, souvent limités, leur rusticité et leur capacité à résister au sec ainsi qu'au plein soleil permettent de réussir à faire pousser ces herbes même pour le jardinier néophyte.

Les contenants

Il existe toutes sortes de contenants dans lesquels on peut cultiver ses aromatiques, mais la règle de base consiste à adapter la taille du pot à la plante. Il faut surtout éviter de placer de petites plantes dans des contenants de taille disproportionnée, surtout celles de terrains secs qui peuvent rapidement pourrir dans ce type de conditions.

Les plantes que l'on trouve souvent dans le commerce sont vendues en godets et peuvent alors être rempotées dans des pots de 1 ou 2 l. Choisissez des pots avec des trous de diamètre important à la base pour assurer un bon drainage.

Il existe des pots carrés et des ronds : dans la mesure du possible, préférez ces derniers. Vous pouvez aussi utiliser des pots en matières organiques, fabriqués avec des fibres

de coco ou en tourbe ; il vaut mieux alors les disposer dans des cache-pots pour conserver l'humidité du terreau. Les pots en terre cuite conviennent aussi très bien : ils sont poreux et permettent aux racines de mieux respirer. Les inconvénients de ce type de pots restent leur poids et leur prix.
Les jardinières permettent de cultiver ensemble plusieurs plantes. Regroupez alors les plantes aux développements comparables et ayant des besoins assez proches en termes d'arrosage, de substrats et d'exposition.
Laissez aussi libre cours à votre imagination pour utiliser tous les contenants qui semblent vous convenir : de vieilles bassines métalliques dont vous percerez le fond, des tonneaux de vignerons, des auges en bois, des sections d'arbres creux... On peut vraiment employer toutes sortes de matériaux, à partir du moment où l'on permet à l'eau de s'évacuer.

Le substrat

On trouve dans le commerce des substrats de bonne qualité prêts à l'emploi, mais évitez cependant certains terreaux trop bon marché qui ne donnent pas satisfaction.
Pour la culture de plantes aromatiques, il faut privilégier les substrats drainés et aérés, en évitant les terreaux à granulométrie trop fine. Il faut une proportion correcte entre les éléments fins et les plus grossiers comme les écorces qui assurent un bon drainage. Ces substrats vieillissent mieux que les terreaux trop fins qui n'ont pas une bonne tenue dans le temps. Un bon substrat doit être souple : lorsque vous le pressez dans votre main, il ne doit pas rester compact.
Vous pouvez bien sûr composer vous-même votre support de culture en mélangeant différents matériaux.

Les principaux éléments qui constituent un substrat sont :

- Les **tourbes** (blondes ou brunes) composent souvent les deux tiers du substrat. Elles résultent de la décomposition de végétaux et permettent une bonne rétention en eau et en éléments nutritifs. La tourbe blonde, plus fibreuse, est conseillée, car elle permet une meilleure aération. Les tourbières étant de plus en plus surexploitées, l'attitude écologique consisterait à proscrire l'utilisation des substrats composés de tourbe.
- Les **terreaux de feuilles** proviennent de la décomposition de feuilles mortes. Ces terreaux présentent l'avantage d'être très riches en matières organiques, mais, comme ils sont très fins, ils favorisent la stagnation de l'eau. Il faut donc les utiliser avec parcimonie (10 à 25 % du volume total). Les pH de ces terreaux sont acides.
- Les **écorces de pins compostées** sont préconisées pour la culture de certaines plantes aromatiques, car elles favorisent le drainage. Elles acidifient aussi le substrat.
- Le **sable** est un élément qui participe aussi au drainage, mais il faut utiliser des sables aux grains grossiers et en petites quantités (10 % environ).
- Le **compost** qui provient de la décomposition des déchets organiques est un élément intéressant, riche en minéraux et en matières organiques.

← *Un substrat de qualité est primordial.*

Pas de terre du jardin

N'utilisez jamais la terre de votre jardin pure pour rempoter vos plantes, elle est trop compacte et les risques d'asphyxie racinaire sont importants.

Vous pouvez, en revanche, en apporter une petite quantité (10 à 20 %) à votre substrat.

Les billes d'argile permettent de drainer le substrat.

- La **perlite** est une roche volcanique expansée qui favorise l'aération et allège le substrat. On utilise ce matériau pour les travaux de multiplication (semis et boutures).

Le choix de ces différents éléments est variable en fonction des plantes. Les aromatiques de terrains secs seront cultivées dans des mélanges où l'on incorporera des éléments drainants comme la pouzzolane, le sable grossier, les écorces en quantités suffisantes (15 % environ). En revanche, on en ajoutera moins pour les plantes qui demandent plus d'eau.
Quel que soit le mélange utilisé, il est primordial de garnir le fond de votre pot ou de votre jardinière avec de petits cailloux, des billes d'argile ou de la pouzzolane afin de favoriser le drainage.

Les engrais

De nombreux engrais d'origine biologique permettent aux plantes aromatiques en pots de bien se développer. Il faut choisir de préférence un engrais complet, c'est-à-dire comprenant les trois éléments majeurs indispensables aux plantes (azote, phosphore et potassium).

Parmi les mieux adaptés à la culture des plantes aromatiques, on trouve :

- Le **guano** d'oiseaux sauvages, riche en azote, mais aussi en phosphore, a un effet coup de fouet.

- Les **cornes broyées ou torréfiées** essentiellement riches en azote, ont une action plus progressive.
- Les **tourteaux de ricin** sont aussi des engrais complets, mais également riches en oligoéléments (fer, cuivre, bore...).
- Les **farines de plumes** et le **sang desséché** apportent uniquement de l'azote avec un effet assez rapide.
- Les **purins de consoude ou d'ortie** sont également de très bons éléments fertilisants naturels.
- La **chaux dolomitique** est efficace, car elle apporte du calcium, indispensable aux plantes, mais elle permet surtout d'augmenter le pH du substrat qui est souvent assez acide, ce qui n'est pas idéal pour beaucoup de plantes aromatiques qui apprécient les sols neutres ou basiques.

Les engrais peuvent être apportés lors de chaque rempotage et après quelques mois de culture pour redonner un peu de vigueur aux plantes, en respectant les doses préconisées par chaque fabricant.

Le rempotage

Pour profiter le plus longtemps possible de ses plantes aromatiques, il est important de procéder régulièrement à des rempotages pour apporter du terreau et permettre à la plante de continuer à développer son système racinaire. La fréquence des rempotages est variable d'une plante à une autre, mais il faut compter en moyenne 6 mois. Il est préférable de réaliser des rempotages plus fréquents dans des contenants un petit peu plus grands que les précédents, plutôt que de rempoter dans un pot trop volumineux.
Il faut être attentif au développement de ses plantes pour déceler le bon moment pour rempoter. Lorsque leur croissance est ralentie, que les nouvelles feuilles deviennent plus petites avec des couleurs plus claires, c'est le signe que les plantes souffrent, il faut alors rapidement procéder au rempotage.
Lors de cette opération, pensez à enlever la première couche superficielle de terreau, afin d'éliminer les éventuelles graines de

← *Apport de corne torréfiée.*

mauvaises herbes, et brisez légèrement la base de la motte. Vous disposerez votre plante bien au centre de votre pot, puis tasserez légèrement le substrat.

Étalez à la surface de votre pot une petite couche de graviers ou de petits cailloux : en dehors de l'aspect décoratif, ceci permet d'éviter les éclaboussures et la formation de trous dans les pots.

Un arrosage copieux sera nécessaire après chaque rempotage.

Les maladies et les nuisibles

Les plantes cultivées en pots ne sont pas épargnées par les parasites, parmi lesquels on trouve :

- Les **pucerons,** qui se nourrissent de la sève des plantes. On remarque leur présence grâce à un enroulement des feuilles qui finissent par jaunir du fait de multiples piqûres. Les pucerons sont aussi vecteurs de nombreux virus et bactéries. Pour limiter les dégâts causés par cet insecte, plusieurs possibilités s'offrent à vous. On commence généralement par les pièges, feuilles de plastique jaunes recouvertes de glu sur lesquels les insectes viennent s'engluer. Placez ces pièges au plus près des pots. Le savon de Marseille permet de nettoyer les plantes infestées de pucerons ; il se prépare en faisant bouillir 1 l d'eau et 150 g de savon râpé. Il faut ensuite

← *Un système racinaire vigoureux et équilibré.*

remuer et diluer à 10 %. Les purins d'ortie, d'absinthe, de tanaisie ou de rue possèdent une action insectifuge, voire insecticide pour certains. Si les problèmes persistent, il faut avoir recours aux insecticides biologiques en pulvérisation à base de roténone ou de pyrèthre, à appliquer le soir, ou effectuer des lâchers de prédateurs comme les coccinelles, les syrphes ou les chrysopes.

- Les **escargots** et les **limaces** sont également de gros dévoreurs de plantes, et occasionnent des dégâts importants sur les jeunes semis. Là aussi, on trouve de nombreux moyens de lutte biologique. Vous pouvez placer vos pots de plantes sensibles sur une couche de cendres de bois ou d'épines de pins assez efficace, les gastéropodes n'arrivant pas à se déplacer sur ces supports. Disposez des pièges, des tuiles renversées par exemple, car les escargots viennent souvent y chercher la fraîcheur : vous pourrez régulièrement soulever ces tuiles pour récupérer et chasser ces indésirables. Des soucoupes remplies de bière constituent d'excellents pièges. On trouve également des granulés à base de composés de fer, produits non toxiques et non polluants efficaces contre les limaces et les escargots importuns. Les hérissons peuvent être de redoutables alliés pour lutter contre ces deux gastéropodes.

- Les **aleurodes ou mouches blanches** volent autour des plantes et se posent sur la face inférieure des feuilles. Les problèmes sont rares à l'extérieur, mais plus fréquents dès que l'on rentre les pots sous serres ou à l'intérieur. En cas d'attaques importantes, on peut utiliser des insecticides naturels à base de pyrèthre ou de roténone.

- Les différentes **chenilles** peuvent également causer des dégâts. Essayez d'en enlever un maximum, et en cas de forte invasion, pulvérisez de la roténone. Vous pouvez aussi préparer un purin de rhubarbe et planter de l'ail, l'odeur de cette plante éloigne les papillons. Sachez que les carabes sont assez friands de chenilles.

- La **mouche des terreaux** peut affaiblir les jeunes plantes. C'est en fait la larve de ces petites mouches qui se nourrit des racines. Il faut tenter de piéger un maximum d'insectes avec du papier glu, et en cas de forte attaque, vous pouvez avoir recours à un auxiliaire, un nématode qui parasite les larves.

- Les **acariens ou araignées rouges** sont moins fréquents chez les plantes aromatiques, cependant certaines variétés de sauges y sont sensibles. On peut s'en prémunir en taillant les plantes attaquées ou en pulvérisant des produits naturels à base de soufre.

Parmi les maladies que l'on rencontre chez les plantes aromatiques, on peut citer :

- La **rouille**, que l'on repère facilement grâce à ses petites taches rondes couleur rouille sur les feuilles, surtout chez les ciboulettes, les menthes, l'estragon, la mélisse ou l'oseille. Pour limiter le problème, il est préférable de ne pas mouiller le feuillage et de rabattre

➔ *Menthe gingembre atteinte par la rouille.*

les plantes atteintes. Les purins de tanaisie et d'absinthe, quand ils sont régulièrement pulvérisés sur le feuillage, donnent de bons résultats. Le permanganate de potassium est un produit naturel, efficace contre la rouille.

■ L'**oïdium** est un champignon qui se caractérise par un duvet gris sur la face supérieure du feuillage, surtout sur les monardes et certaines menthes. Tout comme pour la rouille, il faut éviter de mouiller le feuillage et tailler court. En cas de problèmes récurrents, traitez avec des produits naturels à base de soufre.

■ Les **pourritures** sont également causées par des champignons qui se développent essentiellement sur les jeunes plants en condition de vie humide et confinée. En serre ou en véranda, aérez régulièrement et n'arrosez pas excessivement vos plantes. Une décoction de racines d'ortie est efficace si elle est pulvérisée dès les premiers symptômes.

En règle générale, pensez à alterner vos traitements : ne pas utiliser toujours le même produit ou le même purin permet d'éviter l'accoutumance. Traitez le soir de préférence, après l'arrosage ou la pluie. Confectionnez vos purins vous-même, en évitant de récolter vos plantes près d'un champ traité ou en bord de route et, surtout, observez vos plantes régulièrement afin d'intervenir dès les premiers symptômes.

La taille

Les plantes aromatiques ne se taillent pas toutes de la même manière, il faut avant tout connaître le cycle végétatif des plantes pour appréhender la taille.

■ Les **plantes vivaces à feuillage caduc** (ciboulette, estragon, menthe, livèche, oseille, mélisse...) doivent être taillées régulièrement, au moins une fois toutes les 6 semaines, de mars à octobre. Cette taille favorise la repousse du feuillage, et évite également l'apparition de certaines maladies. De plus, les jeunes pousses dégagent souvent un parfum plus agréable, moins amer, que les vieilles tiges. Ces plantes disparaissent com-

↖ Chenilles dévorant des feuilles de capucine.

→ Ne craignez pas de tailler régulièrement vos herbes.

plètement l'hiver, laissant votre pot vide durant toute cette saison, mais pas d'inquiétude, elles repartent rapidement dès les premiers beaux jours, même si l'hiver a été rude.

- Les **plantes vivaces au feuillage persistant** (lavande, sauge, romarin, micromérie, thym, sarriette...), doivent être taillées après la floraison, de manière légère, afin de supprimer les tiges florales. Une deuxième taille plus sévère doit être pratiquée au mois de mars, pour permettre à la plante de conserver un port plus compact et lui éviter de faire du vieux bois.
- Les **plantes annuelles et bisannuelles** (persil, basilic, aneth, cerfeuil...) sont pincées en début de culture afin de favoriser leur ramification, puis tout au long de la saison pour supprimer les boutons floraux dès leur apparition, évitant que les fleurs n'épuisent votre plante. En revanche, pour les plantes qui présentent de belles fleurs ou des fleurs comestibles, comme la bourrache, vous pouvez les utiliser ; dans ce cas, il faut tailler dès que les fleurs fanent.

L'arrosage

C'est un aspect très important pour la culture en pot. De nombreuses plantes aromatiques dans la nature résistent très bien au sec, grâce à leur faculté de développer un système racinaire profond pour aller chercher de l'eau très loin. En pot, rien de tel, il faut

donc procéder à des arrosages réguliers qui varient en fonction de la taille de la plante et du pot, de la météo, de la saison et des espèces. Au printemps, en pleine croissance, il faut arroser tous les 2 jours environ.
La meilleure façon de gérer l'arrosage des plantes aromatiques reste l'observation. Avec un peu d'habitude, on constate vite qu'il faut laisser le terreau sécher légèrement à la surface pour arroser à nouveau. Faites attention cependant à ne pas trop laisser la motte se dessécher, car il est difficile de la réhumidifier ensuite, surtout si le substrat est riche en tourbe.
L'utilisation de coupelles sous les pots est utile pour éviter de mouiller le sol autour et économiser un peu d'eau, mais pour certaines plantes qui apprécient les terrains secs, il est préférable de ne pas les laisser constamment sous les pots.

L'hivernage des plantes sensibles au gel

Généralement, les plantes aromatiques résistent bien au froid, mais certaines sont plus sensibles, comme la verveine, la sauge ananas, la citronnelle, le myrte, le patchouli ou l'herbe à sucre.
Ces dernières se cultivent à l'extérieur durant toute la bonne saison, mais il faut les rentrer avant que les premiers gels n'arrivent. L'idéal est de les placer dans une pièce pas ou peu chauffée, aérée, mais sans courant d'air.

L'hivernage des plantes fragiles

Pour les plantes vraiment fragiles, comme les plantes tropicales (patchouli, cardamome...), il ne faut pas attendre les premiers jours de gel pour rentrer ses pots, il faut anticiper et commencer l'hivernage dès octobre pour éviter les chocs hydriques néfastes aux plantes.

↑ Un arrosage adapté est une garantie de réussite.

→ La sauge 'Tricolor' : belle et comestible.

Ne rabattez pas les plantes aromatiques hivernées avant l'hiver ; vous pouvez éventuellement prélever quelques branches sur chaque plante, mais pas trop court.
Durant tout l'hiver, l'arrosage devra être très limité, il faut vraiment attendre que la surface du pot soit bien sèche avant d'arroser. En moyenne, un apport toutes les 3 à 4 semaines est largement suffisant.
En revanche, les plantes qui résistent bien au froid (c'est le cas de la majeure partie des plantes aromatiques) ne doivent pas être rentrées ; elles ont besoin d'une période de repos végétatif, durant laquelle elles ne vont plus pousser.

Pour bien débuter

Cette année vous êtes bien décidé à créer votre «jardin d'herbes», les pots et le substrat sont prêts, ils n'attendent plus que les plantes qui viendront embaumer sous vos fenêtres... mais où et comment choisir ses plantes et à quelle période procéder ?
Tout d'abord, soyez patient, les premiers rayons de soleil des mois de février ou de mars nous font croire au printemps, mais souvent il n'est pas encore là... Effectuez plutôt vos achats de mi-mars à mi-juin, quand le taux de reprise est le meilleur. Attention cependant aux plantes gélives, comme le basilic, qui ne peuvent pas être placées à l'extérieur tant que des gelées sont à craindre. Pensez aussi à l'automne qui est une très bonne saison pour installer toutes les vivaces et même certaines annuelles.
Choisissez toujours des plantes cultivées sans traitements ni engrais chimiques. Méfiez-vous des plantes au développement excessif souvent boostées aux engrais chimiques et sous serres chauffées que vous aurez du mal à acclimater chez vous. Préférez-leur des plantes plus petites, plus robustes et plus saines, sans traces de maladies.
Préparez à l'avance vos achats. Aujourd'hui, toutes les pépinières qui proposent des aromatiques disposent d'un site Web où vous trouverez de nombreuses informations.
Laissez-vous séduire par des plantes méconnues et étonnantes, et aux parfums souvent originaux qui vont vous permettre de tester de nouvelles saveurs.

Vous trouverez des plantes aromatiques sur les foires aux plantes (c'est souvent là qu'on trouve des variétés originales), les marchés, les jardineries, par correspondance, mais ne prélevez pas de plantes dans le milieu naturel. Certaines sont protégées dans leur biotope et toutes font l'objet d'une interdiction de prélèvement dans les parcs et réserves naturelles. De plus, les transplantations de plantes récoltées dans la nature se terminent souvent mal, en raison des mauvaises conditions d'arrachage et du fait de la particularité qu'ont certaines plantes aromatiques à développer des racines très profondément dans le sol, ce qui obligerait, pour réussir la transplantation, à creuser un trou immense.
Il est important avant de commencer une culture en pots de plantes aromatiques de connaître la durée de vie de ces plantes.
Certaines sont annuelles comme l'aneth, la coriandre, le cerfeuil ou le basilic, c'est-à-dire qu'elles effectuent leur cycle végétatif dans l'année. Mais sachez qu'une plante annuelle n'est pas forcément une plante gélive ; certaines, comme le cerfeuil ou la coriandre, ne craignent pas le froid : semées à l'automne, elles passent l'hiver, fleurissent au printemps et disparaissent en été. Les annuelles demandent généralement des arrosages réguliers.
Quelques plantes, plus rares, poussent durant 2 ans. La première année, elles développent leur feuillage, puis fleurissent au printemps de la deuxième année, fabriquent leurs graines et meurent : ce sont les plantes bisannuelles comme le persil ou l'angélique.
Mais la grande majorité des aromatiques sont vivaces ; elles peuvent donc rester en place plus de 2 ans.
On peut faire une distinction entre les plantes vivaces à feuillages caducs, comme la ciboulette, l'estragon, la menthe ou la mélisse, et les plantes à feuillages persistants tels le thym, le romarin, la sauge ou la sarriette. Les premières sont essentiellement originaires d'Europe du Nord et apprécient les substrats riches, frais et les expositions mi-ombragées. Quant aux secondes, aux feuillages persistants, leur origine est souvent méditerranéenne ; elles se plaisent en plein soleil dans des terreaux bien drainés.

La récolte et la conservation

Lorsqu'on a la chance d'avoir à portée de main quelques plantes aromatiques, il faut les utiliser fraîches au fur et à mesure tant qu'on en a la possibilité. La seule exception à cette règle est le laurier qu'il vaut mieux faire sécher avant utilisation.
L'hiver, certaines plantes disparaissent ; il faut alors trouver des solutions pour les garder. C'est surtout par séchage et par congélation que l'on conserve les plantes aromatiques. Le séchage convient généralement bien aux plantes au feuillage persistant (thym, romarin, sarriette...). L'idéal est de le réaliser en été, dans un local sec, aéré et sombre. Les

plantes peuvent sécher sur des claies, dans des cagettes ou suspendues en petits bouquets au plafond, sans être entassées. Une fois sèches, les plantes seront délicatement effeuillées et stockées dans des récipients opaques, fermés hermétiquement, pour être conservées durant une année.
Certaines plantes en séchant deviennent de véritables petites aiguilles qui peuvent s'avérer dangereuses, il faut alors bien les ciseler ou les mixer.

En ce qui concerne la congélation, il faut prélever de petits bouquets placés dans des sacs prévus à cet usage. Ou alors, ciselez les feuilles et congelez-les dans des bacs à glaçons. Cela permet d'obtenir de petits glaçons faciles à utiliser l'hiver dans des soupes. Les plantes aromatiques peuvent aussi se conserver dans l'huile ou le sel ; on peut les ajouter au vinaigre pour l'aromatiser.

↓ *La conservation des herbes dans l'huile est une bonne solution.*

des
associations
pour tous
les goûts

Herbes cherchent salades !

Quel bonheur que de pouvoir cueillir sur le rebord de sa fenêtre quelques plantes aromatiques qui viendront tout de suite parfumer et transformer une salade verte ou toutes sortes de crudités !

Plantes

Estragon
(*Artemisia dracunculus*)
Famille : Astéracées

Pimprenelle
(*Sanguisorba minor*)
Famille : Rosacées

Origan
(*Origanum vulgare*)
Famille : Lamiacées

Œillet d'Inde
(*Tagetes patula*)
Famille : Astéracées

Emplacement

Ces plantes gardent un développement modeste : vous pourrez donc les cultiver dans des jardinières ou des pots de taille moyenne. Une jardinière de 50 à 60 cm suffira pour contenir ces quatre plantes.

Elles poussent en exposition ensoleillée ou à mi-ombre et résistent bien au froid, surtout la pimprenelle qui pousse spontanément en montagne. L'estragon, la pimprenelle et l'origan sont des plantes vivaces, l'œillet d'Inde est une plante annuelle qu'il faut renouveler chaque année.

Entretien

Un substrat plutôt riche, léger et bien drainé convient bien à ces plantes. Des arrosages réguliers sont indispensables : ne laissez pas le terreau s'assécher.
Taillez régulièrement ces plantes tout au long de la saison de végétation pour favoriser la reprise des jeunes pousses. Éliminez aussi les boutons floraux de la pimprenelle dès leur apparition, pour privilégier la croissance du feuillage.
L'estragon qui n'est pas taillé régulièrement est parfois attaqué par la rouille. L'origan et la pimprenelle sont assez résistants aux maladies et aux ravageurs.

➔ *Des herbes pour les salades à portée de main.*

Récolte et conservation

L'origan et la pimprenelle sont des plantes vivaces aux feuillages persistants ; vous pouvez donc récolter tout au long de l'année, en privilégiant les jeunes pousses plus tendres et moins amères.

L'estragon disparaît l'hiver, il faut alors le congeler si vous souhaitez en consommer durant la mauvaise saison.

Les fleurs d'œillet d'Inde peuvent se consommer en salades et se cueillent au moment de leur plein épanouissement.

Autres variétés

Attention à l'estragon que l'on trouve dans le commerce : il s'agit parfois de l'estragon russe qui n'a pas d'odeur. Il faut lui préférer l'estragon français, beaucoup plus parfumé.

La grande pimprenelle (*Sanguisorba officinalis*) est une espèce plus grande, à floraison estivale. Il existe de nombreuses variétés d'origan aux feuillages décoratifs (dorés ou panachés), mais elles n'ont pas autant de parfum que l'origan vulgaire.

Pour une santé de fer

Voici une sélection de quelques plantes intéressantes pour leurs vertus médicinales avérées. Le romarin possède des propriétés antiseptiques, digestives et tonifiantes. La liste des propriétés de la sauge est longue : tout comme le romarin, elle est antiseptique, elle permet de soigner le foie, l'estomac, et stimule les nerfs. Le feuillage gris du nepeta s'accorde très bien avec ceux de la sauge et du romarin.

Plantes

Sauge
(*Salvia officinalis*)
Famille : Lamiacées

Romarin
(*Rosmarinus officinalis*)
Famille : Lamiacées

Nepeta
(*Nepeta*)
Famille : Lamiacées

Emplacement

Ces plantes méditerranéennes se plaisent en plein soleil. Ce sont également des plantes vivaces que vous pouvez garder en pots plusieurs années, si vous prenez soin d'effectuer régulièrement des rempotages dans des pots légèrement plus grands.
Aucune de ces plantes ne craint le froid : vous pouvez ainsi les laisser à l'extérieur toute l'année. En revanche, elles craignent l'excès d'humidité dans le pot en hiver.

Entretien

C'est avant tout le drainage qui sera primordial pour composer votre substrat. Il faut installer une bonne couche de cailloux, de graviers ou de billes d'argile au fond du pot et mélanger également au substrat des éléments drainants (sable grossier, pouzzolane, gravier…) pour le drainer et l'aérer.

➔ *Les herbes médicinales sur le balcon.*

Même si elles poussent en terrains secs, la culture en pot de ces plantes demande des arrosages assez réguliers, surtout en utilisant des substrats bien drainés. Cependant, il faut attendre entre deux arrosages que le substrat se ressuie et éviter l'utilisation prolongée de soucoupes sous les pots ou les jardinières.

Ces plantes se taillent au début du printemps, en coupant de moitié chaque plante, et plus légèrement après leur floraison, mais rien ne vous empêche de cueillir quelques tiges de temps en temps.

L'apport d'engrais doit vraiment rester limité : vous pouvez attendre 2 ans entre chaque apport, sauf si les plantes semblent souffrir.

Ces plantes résistent bien aux maladies et aux prédateurs. On décèle parfois la présence de pucerons sur la sauge.

Récolte et conservation

Leur feuillage persistant permet de récolter ces plantes toute l'année. Vous pouvez aussi les faire sécher dans une pièce sombre et aérée, et les conserver dans un récipient hermétique, en ayant pris soin de les mixer avant. Le séchage de la sauge est un peu plus délicat à réussir : il faut veiller à ne pas trop tasser les feuilles entre elles, l'idéal est de pouvoir étaler les feuilles sur des claies en les espaçant bien.

Autres variétés

La diversité des sauges est impressionnante. Elles se déclinent en variétés qui possèdent des feuillages décoratifs, et n'en sont pas moins comestibles. C'est le cas de la sauge à feuillage panaché de vert et de jaune ('Icterina'), pourpre ('Purpurascens'), à trois couleurs ('Tricolor')... Attention, certaines variétés de sauge sont seulement décoratives. Vous pouvez choisir des parfums très différents, des couleurs de feuillages et de floraisons très originales. Parmi les romarins, on trouve aussi des variétés différentes avec des fleurs roses ('Roseus'), blanches ('Albiflorus') ou des variétés rampantes ('Repens').

← *Des fleurs délicates et parfumées.*

Coquillages et crustacés... et aromatiques !

Cette composition associe des plantes aux feuillages très aériens et colorés. La saveur anisée du fenouil et l'arôme incomparable de la citronnelle permettent d'accompagner les plats de poissons et les crustacés. La légèreté des fleurs et du feuillage du pennisetum s'accorde très bien avec les deux aromatiques.

Emplacement

C'est en plein soleil qu'il faut placer votre composition, dans un emplacement dégagé qui permet de profiter au maximum des volumineux feuillages décoratifs de ces plantes. Citronnelle et pennisetum craignent le froid, surtout la citronnelle qui ne supporte pas les températures en dessous de – 5 °C.

Plantes

Citronnelle
(*Cymbopogon citratus*)
Famille : Poacées

Fenouil bronze
(*Foeniculum vulgare* 'Purpureum')
Famille : Apiacées

Pennisetum
(*Pennisetum*)
Famille : Poacées

Entretien

Pour réussir la culture de ces plantes, choisissez un substrat riche, léger et bien drainé. Il faut tailler régulièrement le fenouil, en supprimant les tiges florales dès qu'elles se forment. La citronnelle se taille aussi de temps en temps, mais pas trop court et jamais avant l'hiver. Un engrais complet, surtout riche en azote sera apporté au printemps.
Attention aux limaces et aux escargots qui adorent les jeunes pousses de fenouil !

La citronnelle est assez résistante ; surveillez cependant la couleur des feuilles qui peut devenir jaunâtre, signe d'une carence : il faut alors apporter un peu d'engrais et changer une partie du terreau ou rempoter.

Si vous souhaitez conserver votre citronnelle après l'hiver, protégez-la en la rentrant dans une pièce non chauffée, ou si le climat n'est pas trop rigoureux, en la paillant au pied.

Récolte et conservation

Le fenouil croît rapidement : n'hésitez pas à tailler régulièrement les tiges pour les utiliser fraîches selon vos besoins. Ne faites pas sécher cette plante, le résultat est décevant : il faut la congeler dans des bacs à glaçons ou dans des sacs à congélation.
Récoltez les tiges de citronnelle quand elles sont suffisamment grosses : c'est la partie de la plante la plus savoureuse. Les feuilles peuvent éventuellement s'utiliser en infusion. Les tiges conservent leur parfum après séchage ; une fois sèches, il faut les mixer, c'est ensuite plus pratique à utiliser.

Autres variétés

De nombreuses plantes sont appelées citronnelles, comme la mélisse ou la verveine, mais elles ne possèdent pas cet arôme particulier propre à la citronnelle de Madagascar. On peut varier les plaisirs en utilisant le fenouil bronze ou le fenouil vert, tous les deux s'utilisent en cuisine de la même manière.

← Une association de feuillages légers et aériens.

→ Une explosion de couleurs et de senteurs.

Association gourmande

Voici une composition qui séduira les gourmands avec cette magnifique oseille sanguine au feuillage nervuré de rouge et ces délicieuses fraises à picorer au gré de vos envies.

Emplacement

Ces deux plantes cohabitent bien ensemble, et résistent très bien au froid. Avec un minimum d'entretien, vous pouvez les conserver plusieurs années, en les plaçant en plein soleil ou en exposition légèrement ombragée.
Prévoyez à terme un contenant de taille conséquente (au moins 30 cm de diamètre) pour leur permettre de se développer harmonieusement.

Plantes

Oseille sanguine
(*Rumex sanguineus*)
Famille : Polygonacées

Fraisier
(*Fragaria*)
Famille : Rosacées

Entretien

C'est dans un substrat riche que ces plantes se plaisent le mieux, avec des arrosages fréquents. Dès que les feuilles de l'oseille commencent à souffrir, c'est le signe d'une carence au niveau du substrat, qu'il faut corriger en effectuant un rempotage ou en changeant une partie du terreau, ou encore en apportant un engrais biologique complet riche en azote.
Taillez l'oseille régulièrement à partir du printemps pour favoriser la croissance des jeunes pousses, idéales à consommer.

L'oseille sanguine fleurit très rarement, mais parfois des hampes florales apparaissent ; il faut alors les tailler très court. Les fraisiers ne se taillent qu'après la fructification.
Méfiez-vous des pucerons qui peuvent faire des dégâts, mais aussi des limaces et des escargots qui adorent ces deux plantes.

Récolte et conservation

L'oseille se récolte au fur et à mesure de vos besoins du printemps jusqu'à l'automne, ensuite les plantes disparaissent jusqu'au printemps suivant. Pour en consommer l'hiver, il faut les avoir préalablement congelées.
Les fraises se récoltent dès qu'elles sont mûres et se consomment aussitôt : elles ne se conservent que quelques jours.

Autres variétés

Les variétés de fraises sont innombrables. Choisissez des fraisiers remontants qui vous offriront deux périodes de récolte. En région froide, évitez les variétés précoces.
On trouve des espèces d'oseille à feuillage pourpre ou vert qui apportent des couleurs originales et sont également comestibles.

← Magnifique oseille sanguine.

→ Petites fraises à croquer.

Duo de menthes pour enfants

Menthe marocaine et menthe chocolat… voici deux plantes qui plairont à coup sûr aux plus jeunes : de culture très facile, elles poussent sans trop d'entretien et étonnent toujours par leurs parfums originaux. Elles s'utilisent facilement pour confectionner des infusions ou pour accompagner des desserts, notamment pour agrémenter des salades de fruits ou décorer des gâteaux.

Plantes

Menthe marocaine
(*Mentha spicata*)
Famille : Lamiacées

Menthe chocolat
(*Mentha* x *piperita* 'Chocolate')
Famille : Lamiacées

➔ *La culture de la menthe est un jeu d'enfant.*

Emplacement

L'idéal est de regrouper ces plantes dans des contenants de taille conséquente, un plant de chaque dans une jardinière de 50 cm de longueur, par exemple.

Il faut placer les menthes dans un lieu assez ombragé. L'hiver, les feuilles vont tomber, laissant la jardinière vide, mais, dès le début du printemps, les nouvelles jeunes pousses vont apparaître, sans que vous ayez besoin de les protéger du gel, car les menthes résistent très bien au froid.

Entretien

Le substrat à employer pour cultiver les menthes doit être assez riche en matières organiques. L'arrosage doit être régulier et assez abondant.

La culture de deux menthes différentes nécessite la mise en place d'une séparation entre les pieds pour éviter qu'elles ne se

➔ *Vigoureuses menthes.*

concurrencent, sous forme d'une planchette de bois ou de plastique qui épouse parfaitement les bords de la jardinière.

Il vous faudra réaliser des apports d'engrais naturels chaque année, en début de saison, ou dès que les plantes montrent des signes de carences (nouvelles pousses plus petites ou plus claires).

Pour obtenir des plantes toujours bien compactes et agréablement parfumées, taillez régulièrement assez court. Cette opération permet aussi d'éviter que les maladies, comme la rouille ou l'oïdium, ne s'installent.

Récolte et conservation

La récolte de la menthe s'échelonne du printemps jusqu'aux premières gelées ; c'est fraîche qu'elle est le plus agréable à consommer. En dehors de ces périodes, pour utiliser de la menthe, faites-la sécher au préalable dans une pièce sombre et aérée ou congelez-la dans des bacs à glaçons.

Autres variétés

Les menthes offrent une multitude de parfums différents : vous pouvez choisir des plantes aux parfums fruités comme le citron, l'orange, la bergamote, le pamplemousse ou la fraise, mais on trouve des variétés plus épicées comme la menthe poivrée, la menthe gingembre ; d'autres dégagent des parfums de réglisse, d'anis ou d'eau de Cologne.

Certaines menthes étonnent par leurs feuillages, telles la menthe corse à toutes petites feuilles rondes, la menthe des cerfs aux feuilles fines ou encore une menthe au feuillage panaché de vert et de blanc.

Le coin du collectionneur : le thym

Pour ceux qui aiment aller plus loin dans la découverte de plantes originales, voici une sélection de thyms aux parfums très particuliers. De plus, les fleurs du thym à longues feuilles sont magnifiques, ce qui permet de composer une jardinière avec des plantes qui sont à la fois décoratives, condimentaires et médicinales. L'association avec les bruyères permet d'obtenir des compositions décoratives, même l'hiver.

Emplacement

C'est en exposition bien ensoleillée que les thyms et les bruyères vont se plaire. Si le substrat n'est pas trop humide en hiver, ces plantes résistent bien au froid.
Elles possèdent des développements assez limités, on peut donc en cultiver quatre ensemble dans une jardinière de 50 cm.

Entretien

Les thyms et les bruyères ne poussent bien que dans des substrats bien drainés, et redoutent absolument les terreaux trop riches et humides, surtout en hiver. Il faudra donc ajouter toutes sortes d'éléments drainants comme la pouzzolane, les graviers, les billes d'argile, les écorces compostées…
Même s'ils résistent bien au sec, prévoyez cependant des arrosages réguliers, mais attendez que la surface du terreau commence à sécher pour apporter à nouveau de l'eau.

Plantes

Thym cumin
(*Thymus herba-barona*)
Famille : Lamiacées

Thym à longues feuilles
(*Thymus longicaulis*)
Famille : Lamiacées

Thym vert
(*Thymus vulgaris*)
Famille : Lamiacées

Bruyère
(*Calluna vulgaris*)
Famille : Éricacées

Évitez aussi de laisser en permanence une soucoupe sous les pots ou les jardinières.
Ces plantes se taillent au début du printemps, au moment où elles redémarrent, pour leur donner une forme plus compacte, puis ensuite à la fin de la floraison afin d'éliminer les tiges florales fanées. Les thyms ne demandent que très peu d'engrais ; soyez attentif aux signes qui indiquent un manque et réalisez des apports limités.
Ce sont des plantes qui résistent bien aux maladies, mais on remarque parfois des pourrissements en milieux trop humides et des attaques de pucerons.

Récolte et conservation

Tous les thyms possèdent des feuillages persistants et peuvent donc se cueillir toute l'année. Ils se sèchent aussi très bien : il faut alors procéder en été en les faisant sécher par petits bouquets, dans une pièce sombre et aérée. Les tiges sont ensuite effeuillées et les feuilles sèches stockées dans un récipient hermétique.

Autres variétés

La curiosité des collectionneurs est sans limite, tant il existe d'espèces et de variétés de thyms différents. Dans tous les pays du bassin méditerranéen, on rencontre des thyms aux feuillages, aux floraisons et aux parfums particuliers. On compte parmi celles-ci *Thymus* x *citriodorus* 'Aureus' au feuillage doré, par exemple. Mais toutes les espèces ne s'utilisent pas en cuisine.

← Combinaison réussie de thym et de bruyère.
↓ Longue floraison des bruyères.

Une touche d'exotisme

Voici une composition à renouveler chaque année, car les plantes utilisées ne poussent que quelques mois, mais cette association colorée et parfumée apportera sans nul doute une touche exotique à vos plats.

Plantes

Coriandre
(*Coriandrum sativum*)
Famille : Apiacées

Basilic pourpre
(*Ocimum basilicum*)
Famille : Lamiacées

Amarante
(*Amaranthus*)
Famille : Amarantacées

Emplacement

Ces trois plantes apprécient une exposition ensoleillée.

Attendez qu'il n'y ait plus de risque de gel pour préparer cette composition, car le basilic surtout a besoin de chaleur pour bien prospérer et redoute des températures négatives qui lui seraient fatales.

Quelques semaines avant les premiers froids, vous pouvez rentrer le pot à l'intérieur pour prolonger de quelques jours la récolte du basilic. La coriandre résiste mieux au froid ; les plantes mises en place en automne peuvent résister à l'hiver : la coriandre ne monte alors en graines qu'au printemps suivant.

Entretien

C'est dans un substrat fertile, aéré et drainé que ces plantes se plaisent. Des arrosages réguliers seront indispensables pour éviter de voir le terreau sécher, et votre coriandre rapidement monter en graines, puis disparaître.

Les tiges florales du basilic et de la coriandre doivent être pincées régulièrement, dès leur apparition, pour privilégier la croissance du feuillage et retarder au maximum la montée en graines des plantes.

Leur croissance sera favorisée par l'apport d'un engrais naturel complet, riche en azote.

La durée de vie de la coriandre est parfois très courte, quelques mois seulement. Pour récolter des feuilles de coriandre tout au long de l'année, renouvelez les pieds deux ou trois fois par an, en changeant une partie du terreau et en fertilisant à nouveau.

Récolte et conservation

Le basilic se consomme de préférence frais, en fonction de vos envies. Pour les utilisations en hiver, vous pouvez le congeler.
Les feuilles de coriandre se coupent régulièrement et se consomment fraîches également. Pour les conserver, il faut avoir recours à la congélation, car le séchage ne donne pas de bons résultats. Les graines de coriandre sont très parfumées. Pour les récolter, il suffit de laisser la plante fleurir et de récolter les graines quand leur couleur vire au brun et qu'elles se détachent toutes seules de leur réceptacle. Elles conservent un arôme très agréable après séchage.

Autres variétés

On trouve dans le commerce des cultivars de coriandre ('Jantar' et 'Santo') qui montent moins vite en graines et sont plus compacts, ce qui est parfait pour une culture en pot.
Les basilics offrent aussi une multitude d'espèces et de variétés avec des parfums surprenants, d'anis, de réglisse ou de cannelle.

➔ *Une palette de couleurs originales.*

C'est l'été !

Parmi les plantes aromatiques, certaines ne se développent bien que lorsqu'il fait suffisamment chaud. C'est le cas du basilic et de la capucine qu'il ne faut pas s'aventurer à essayer de faire pousser trop tôt dans la saison, au risque d'avoir de mauvaises surprises !

Plantes

Capucine
(*Tropaeolum majus*)
Famille : Tropaéolacées

Basilic
(*Ocimum basilicum*)
Famille : Lamiacées

Emplacement

Choisissez un emplacement bien ensoleillé et le plus abrité possible pour que ces plantes bénéficient d'un maximum de chaleur.
Vous pouvez regrouper, dans un même pot de 60 cm de diamètre, deux capucines et trois ou quatre basilics.

Ce sont des plantes annuelles qui vont dépérir dès que les premiers froids arrivent : il ne sert à rien de les rentrer, même à l'intérieur, elles ne passent pas l'hiver.

Entretien

Sélectionnez des substrats drainés et riches en matières organiques. Ne commencez à préparer votre composition qu'au mois de mai, en choisissant des plants à développement limité, cultivés de façon biologique.
Pour obtenir de beaux plants, taillez régulièrement les basilics en les pinçant au-dessus d'un verticille. Cette opération permet aux plantes de s'étoffer et retarde la floraison. Les capucines sont taillées au printemps, au moment du rempotage, mais ensuite n'effectuez plus de tailles ou seulement pour éliminer les fleurs fanées.
Ces plantes devront être arrosées régulièrement, car le terreau ne doit pas s'assécher. Si les basilics commencent à jaunir au mi-

➔ *Les capucines sont belles et comestibles.*

lieu de l'été, apportez-leur un peu d'engrais biologique riche en azote, en évitant d'en mettre près des capucines dont la floraison s'en trouverait limitée.
Les basilics sont sensibles à la fusariose, très souvent à cause d'un excès d'arrosage. La capucine craint les pucerons.

Récolte et conservation

La récolte du basilic s'échelonne de mai à octobre, en pinçant les tiges au-dessus d'un œil, avec vos ongles. L'utilisation de ciseaux ou de sécateurs est à éviter, les tiges pouvant alors s'oxyder et noircir. On n'utilise que la feuille du basilic ; la tige en vieillissant devient trop dure. Le basilic se congèle bien, mais il perd tout son parfum en séchant. Au frigo, il ne se conserve que 2 ou 3 jours.
Ce sont essentiellement les fleurs de la capucine que l'on récolte en été, mais aussi les feuilles du printemps jusqu'à l'automne.

Autres variétés

Beaucoup de variétés de basilics aux parfums d'anis, de cannelle, de réglisse ou de citron permettent de varier les plaisirs. Ils s'utilisent de façons différentes, certains aromatisent avec bonheur des desserts.
En pots, il est préférable de choisir des variétés naines de capucine comme 'Tom Pouce'.

↑ *Les couleurs éclatantes des fleurs de capucine.*

Des feuillages décoratifs toute l'année

L'association de ces trois plantes aux feuillages persistants permet d'obtenir une composition décorative durant toute l'année, même durant l'hiver où de nombreuses plantes ne conservent pas leur feuillage.

Emplacement

Placez vos plantes dans un endroit le plus ensoleillé possible. Inutile de les rentrer l'hiver, ces trois plantes résistent très bien au froid. Elles peuvent se planter dans un pot de taille moyenne, la première année dans une vasque de 50 cm de diamètre, en y plaçant une plante de chaque.

Entretien

Elles poussent dans un substrat léger et bien drainé. C'est surtout ce dernier point qui est important pour réussir cette composition, il faut assurer un bon drainage à la fois au fond du contenant, avec toutes sortes d'éléments drainants, mais aussi en incorporant au substrat ces éléments drainants (pouzzolane, graviers, petits cailloux, sable grossier...).
Taillez-les au début du printemps, puis en été après la floraison. Ces plantes rustiques

Plantes

Sauge panachée
(*Salvia officinalis* 'Icterina')
Famille : Lamiacées

Herbe à curry
(*Helichrysum angustifolium*)
Famille : Astéracées

Dichondra
(*Dichondra*)
Famille : Convolvulacées

sont peu gourmandes en eau, et sont aussi capables de se passer d'engrais pendant quelques temps. Prévoyez cependant un apport léger, une fois par an avec un engrais complet naturel. Elles sont parfois attaquées par les pucerons, utilisez alors des méthodes naturelles pour vous en débarrasser.

Récolte et conservation

Ce sont des plantes à feuillages persistants, on peut donc en récolter toute l'année. L'herbe à curry est très aromatique quand elle est fraîche, mais perd de son arôme en séchant, contrairement à la sauge. Procédez alors en été, en plaçant les feuilles sur des claies bien aérées. Quand elles sont bien sèches, les feuilles doivent être conservées dans des bocaux hermétiques, à l'abri de la lumière, et peuvent être utilisées en hiver pour faire des infusions, ou en cuisine.

Autres variétés

On peut trouver toutes sortes de sauges, les plus appropriées en cuisine étant les sauges officinales. Certaines possèdent des feuillages panachés de vert et de jaune ('Icterina'), d'autres sont pourpres ('Purpurascens') ou encore à trois couleurs ('Tricolor'). Mais il existe aussi des sauges originaires d'Amérique du Sud aux parfums étonnants

d'ananas ou d'orange. De nombreuses sauges sont très décoratives mais ne présentent pas d'intérêt culinaire.

L'herbe à curry est une immortelle ; l'autre immortelle se plaisant en pot est l'immortelle laineuse (*Helichrysum petiolare*), au feuillage plus arrondi et au port retombant.

← Des notes grisées et parfumées.

↑ Composition décorative de feuillages.

Faites le plein de parfums !

Voici des plantes à associer pour profiter de leurs parfums enivrants. Tout d'abord l'herbe à curry, dont l'arôme puissant de curry est impressionnant, surtout en été lorsque la plante profite des rayons du soleil pour embaumer tout autour d'elle. Ensuite, la lavande, aux belles fleurs bleues très parfumées qui vous feront voyager dans le Sud de la France. Enfin le laurier à l'arôme puissant. Pour conserver ces plantes ensemble dans le même pot ou la même jardinière, prévoyez des contenants de taille assez importante. Le rosier et le diascia viennent apporter leurs délicates floraisons.

Plantes

Herbe à curry
(*Helichrysum angustifolium*)
Famille : Astéracées

Laurier
(*Laurus nobilis*)
Famille : Lauracées

Lavande
(*Lavandula angustifolia*)
Famille : Lamiacées

Rosier
(*Rosa*)
Famille : Rosacées

Diascia
(*Diascia*)
Famille : Scrofulariacées

Emplacement

Ces plantes du Sud se plaisent en exposition bien ensoleillée.
Elles résistent très bien au froid ; il est donc inutile de les rentrer l'hiver.
Tout comme la sarriette et le thym, elles redoutent l'humidité dans le terreau, surtout pendant la période hivernale.

Entretien

À l'instar du substrat des autres plantes de terrain sec, composez le vôtre avec une bonne proportion d'éléments drainants pour réussir cette association, et arrosez régulièrement, mais en petites quantités. Attendez que la surface du pot soit un peu sèche pour arroser à nouveau.

➔ *Une alliance de belles floraisons.*

Pour la lavande et l'herbe à curry, la taille est un élément important, même en pot, car il faut éviter qu'elles ne développent du vieux bois : il faut donc tailler assez court au début du printemps, au moment où les plantes repartent. Une seconde taille sera nécessaire après la floraison, juste pour enlever les fleurs fanées. Le laurier se taille moins sévèrement.

L'herbe à curry, le laurier et la lavande résistent très bien aux maladies et aux nuisibles si les conditions de substrat et d'exposition leur conviennent.

Récolte et conservation

L'herbe à curry s'utilise de préférence fraîche, au fur et à mesure des besoins : c'est ainsi qu'elle est le plus parfumée.
Les fleurs de lavande se cueillent au moment de leur plein épanouissement et se font sécher en petits bouquets suspendus la tête en bas dans une pièce sombre et aérée.
Le laurier doit être séché avant utilisation.

Autres variétés

Parmi les lavandes, la plus intéressante à cultiver en pot reste la lavande de la variété 'Hitcote Blue' qui est une lavande plus compacte à belles fleurs bleu foncé. Mais il existe aussi des variétés à fleurs blanches ('Alba') ou roses ('Rosea') qui permettent de créer des potées originales.
On trouve aussi une autre espèce d'hélichrysum (*Helichrysum petiolare*), aux feuilles beaucoup plus larges et au port retombant, mais qui n'ont pas l'arôme puissant de l'herbe à curry. En revanche, elles s'utilisent souvent en suspension.

➔ *Une symphonie de fragrances.*

Une « pensée » pour les petits espaces

Si vous ne disposez que d'un petit rebord de fenêtre, associez la ciboule et la pensée, car ce sont des plantes au développement limité. Même dans une jardinière de 40 cm, vous pouvez cultiver deux pieds de ciboules et une pensée pour sa floraison. Les feuilles de ciboule aromatisent les omelettes et les salades. Les fleurs de pensée sont comestibles : elles agrémentent les salades.

Emplacement

Vous pouvez placer ces plantes dans une petite jardinière, de préférence à mi-ombre.
Au début de l'hiver, les feuilles des ciboules vont tomber, mais ne vous inquiétez pas : laissez votre jardinière à l'extérieur, les pensées prendront le relais, puis, dès le début du printemps, les premières pousses des ciboulettes vont apparaître.
La résistance des ciboules au froid est très bonne ; en revanche, les pensées sont plus sensibles et doivent être protégées si les températures descendent en dessous de – 7 °C.

Entretien

Pour garantir une croissance régulière, les ciboules doivent être arrosées fréquemment. Ce sont des plantes gourmandes, qui apprécient des terreaux riches. Dès que les pousses deviennent trop fines, procédez à un

Plantes

Ciboule
(*Allium fistulosum*)
Famille : Alliacées

Pensée
(*Viola* x *wittrockiana*)
Famille : Violacées

rempotage dans une jardinière un peu plus grande ou changez une partie du substrat.
N'hésitez pas à tailler souvent vos plantes pour leur permettre de s'étoffer. Cela permet aussi d'éviter la floraison, qui affaiblit les ciboules. Vous pouvez bien sûr les laisser fleurir, mais, dans ce cas, taillez les tiges florifères dès qu'elles commencent à faner.
Les pensées se plantent essentiellement à l'automne ou éventuellement au printemps.
Les ciboules sont assez résistantes, mais peuvent être atteintes par la rouille, assez rare si vous taillez régulièrement, ou par les pucerons dont vous pouvez vous débarrasser en arrosant avec une eau savonneuse.

Récolte et conservation

Les ciboules se cueillent de mars-avril jusqu'aux premières gelées. Elles se consomment de préférence fraîches, mais se conservent une semaine au frigo, la base des tiges dans l'eau. La congélation convient bien, mais le séchage ne donne pas de bons résultats. Les fleurs de pensées se cueillent au moment de leur pleine floraison qui peut varier en fonction des variétés, mais généralement de mars à juin et à l'automne. Ces fleurs se consomment fraîches.

Autres variétés

Pour remplacer la ciboule, vous pouvez planter de la ciboulette de Chine, ou « ciboulail » au goût très aillé. Elle diffère également de la ciboulette commune par sa floraison blanche en forme d'étoile, beaucoup plus tardive (en fin d'été) et par son feuillage. L'utilisation de ces deux ciboulettes est identique, même si leurs saveurs sont différentes. Cette plante offre des variétés originales, à fleurs blanches ('Alba') ou rose foncé ('Forescate').

← Fleurs de pensées.

→ Composition à suspendre.

Herbes et grillades

Ces plantes à développement limité cohabitent très bien ensemble. Dans un premier temps, un contenant de 30 cm de diamètre permet de cultiver une sarriette et un gaura. La sarriette s'utilise avec bonheur pour accompagner les grillades et toutes sortes de viandes. Le gaura apporte sa floraison légère et délicate à cette association durant tout l'été. Bon appétit !

Plantes

Sarriette
(*Satureja montana*)
Famille : Lamiacées

Gaura
(*Gaura*)
Famille : Onagracées

Emplacement

Trouvez sur votre balcon l'emplacement le plus ensoleillé possible, car ces plantes apprécient le plein soleil.
La sarriette résiste très bien au froid, il est donc inutile de la protéger l'hiver. En revanche, notez qu'elle craint l'excès d'humidité dans le terreau, surtout pendant la période hivernale : surveillez-la de près.
Le gaura est plus sensible au froid et doit être protégé ou remplacé au printemps.

Entretien

La difficulté de ce type d'association reste la composition du terreau, qui doit contenir suffisamment d'éléments drainants (écorce, pouzzolane, petits cailloux, graviers…) pour permettre à l'eau de ne pas stagner dans le substrat. Il faut également éviter de laisser en permanence des soucoupes, qui gardent trop d'humidité, sous les pots. En revanche, dans ce type de substrat, les apports d'eau

doivent être peu abondants mais réguliers.
La sarriette se taille une première fois après la floraison, puis plus sévèrement au début du printemps. Le gaura, quant à lui, se taille dès la fin de la floraison.
Si les conditions de substrat et d'ensoleillement leur conviennent, ces plantes résistent bien aux maladies et aux ravageurs. En revanche, des pourritures peuvent apparaître si le terreau est trop humide ou si les pots sont trop à l'ombre.

Récolte et conservation

La sarriette conserve son feuillage durant tout l'hiver ; il est donc possible d'en récolter un peu toute l'année, au fur et à mesure de vos besoins. Mais, l'hiver, elle ne pousse plus et on ne peut donc pas en récolter beaucoup. Les feuilles se sèchent facilement et conservent un bon arôme.
En été, lorsque votre plante s'est bien développée, taillez quelques tiges que vous ferez sécher pour compenser la faible récolte hivernale. Il est préférable de mixer les feuilles avant de les utiliser, car, une fois sèches, elles deviennent de véritables petites aiguilles, dangereuses à utiliser ainsi.

Autres variétés

Les sarriettes offrent quelques variétés originales comme la sarriette au parfum citronné ('Citrata') et des sarriettes aux floraisons particulières, à fleurs violettes (ssp. *Illyrica*). Il existe aussi une espèce annuelle, *Satureja hortensis*, moins intéressante à cultiver en pot que les espèces vivaces.
Vous pouvez employer indifféremment ces différentes espèces et variétés de sarriettes, mais vous pouvez aussi les remplacer par d'autres plantes comme la micromérie grecque, des thyms ou de l'origan.

← *Les subtiles fleurs de gaura.*

portraits des aromatiques

Basilic

Ocimum basilicum

Cette plante annuelle au parfum puissant développe de grandes feuilles gaufrées, vert pâle, puis, en été, des fleurs blanches en épis.

Hauteur : jusqu'à 80 cm.

Floraison : été.

Exposition : soleil.

Sol : fertile, aéré et drainé.

Utilisations : le « pistou », comme on le nomme en Provence, est une herbe incontournable de la cuisine méditerranéenne. Il parfume les tomates, les salades, les pâtes, le riz, les poissons, la fameuse soupe au pistou et est l'ingrédient principal du *pesto*, mélangé à l'huile d'olive. On l'utilise essentiellement cru avec les plats froids ou en toute fin de cuisson.

Propriétés : plante condimentaire par excellence, le basilic possède des vertus médicinales indéniables : il est sédatif, digestif, diurétique et antispasmodique.

Capucine

Tropaeolum majus

Tout le monde connaît les belles fleurs de cette plante annuelle, mais peu de personnes les consomment, et plus rares encore sont celles qui savent que les feuilles aussi se mangent, cuisinées comme des épinards.

Hauteur : 30 cm.

Floraison : de juin aux premières gelées.

Exposition : soleil.

Sol : ordinaire.

Utilisations : les fleurs apportent une petite note épicée aux salades. Les boutons floraux peuvent aussi s'utiliser comme des condiments, conservés dans le vinaigre.

Propriétés : appelée aussi « cresson du Pérou » au XVIIe siècle, on lui prête des propriétés diurétiques, antiseptiques et expectorantes. La capucine est riche en vitamine C.

Ciboulette

Allium schoenoprasum

C'est une petite plante vivace herbacée, qui se développe en touffes denses. Ses feuilles à sections rondes dégagent un parfum d'oignon. Ses belles fleurs rose violacé comestibles apparaissent au printemps en ombelles globuleuses.

Hauteur : 25 à 40 cm.

Floraison : mai.

Exposition : mi-ombre.

Sol : riche et frais.

Utilisations : c'est souvent en salades, avec les crudités ou les omelettes, qu'elle est appréciée, mais elle peut accompagner les potages ou diverses sauces. Il est préférable de l'utiliser crue ou en fin de cuisson, pour conserver toute la saveur de la plante.

Propriétés : les ciboulettes sont riches en vitamines A et C, et connues pour leurs propriétés digestives et apéritives.

Citronnelle

Cymbopogon citratus

Originaire d'Inde, cette graminée aux feuilles filiformes et aux tiges très parfumées ne résiste pas aux hivers rigoureux.

Hauteur : jusqu'à 1,20 m.

Floraison : été.

Exposition : soleil.

Sol : riche, léger et bien drainé.

Utilisations : le parfum incomparable de cette plante est très apprécié dans la cuisine asiatique et orientale. Elle parfume surtout les poissons et les crustacés, mais aussi le riz, le poulet et différentes salades. C'est surtout la tige de cette plante qui est employée en cuisine, et les feuilles servent pour confectionner des tisanes.

Propriétés : les vertus toniques de la citronnelle sont appréciées en massage. Cette plante possède des propriétés antiseptiques et permet de soigner le foie et l'estomac.

Coriandre

Coriandrum sativum

C'est pour ses petites graines sphériques et creuses, mais aussi pour son feuillage très parfumé, que l'on cultive cette plante annuelle à la croissance rapide.

Hauteur : 30 à 80 cm.

Floraison : juin à août.

Exposition : soleil.

Sol : fertile, aéré et drainé.

Utilisations : la coriandre reste très appréciée dans la cuisine orientale où elle accompagne les tajines, le couscous et certaines soupes, comme la chorba. Le parfum de ses feuilles ne laisse pas indifférent : il est très apprécié par certains, alors que d'autres n'y trouvent que le parfum d'une punaise écrasée ! La graine, souvent employée comme épice, dégage des parfums plus agréables.

Propriétés : la coriandre est reconnue pour ses propriétés apéritives, toniques, bactéricides, antirhumatismales et stomachiques.

Estragon

Artemisia dracunculus

Très appréciée en cuisine, cette plante vivace herbacée développe de longues feuilles étroites et souples au parfum très anisé.

Hauteur : 50 à 80 cm.

Floraison : juillet.

Exposition : soleil, mi-ombre.

Sol : riche, léger et bien drainé.

Utilisations : c'est souvent avec les poissons, les viandes blanches, les salades, les omelettes ou les sauces que l'on apprécie l'estragon. Il fait partie des fines herbes, aromatise le vinaigre, la moutarde ou certaines huiles. Il peut s'employer cru ou cuit, mais préférez toujours l'estragon français, au parfum plus puissant, à son homologue russe.

Propriétés : l'estragon est aussi utilisé pour ses vertus sédatives et digestives, il permet de soulager les contractures musculaires, et est parfois prescrit pour traiter le diabète.

Fenouil

Foeniculum vulgare

Très commune en Provence, cette plante vivace au feuillage filiforme, vert-clair, dégage un parfum anisé.

Hauteur : jusqu'à 2 m.

Floraison : jaune en été.

Exposition : ensoleillée.

Sol : meuble et drainé.

Utilisations : les feuilles, les tiges et les graines de cette plante se consomment. Le fenouil est traditionnellement associé aux poissons et aux fruits de mer, mais il se marie aussi très bien avec les salades, les crudités et les potages. Les graines aromatisent certains alcools, les marinades, le pain, les saucisses, et le chou.

Propriétés : le fenouil est apprécié pour ses propriétés digestives. En médecine populaire, il était préconisé pour soigner les douleurs d'estomac, les flatulences et la constipation.

Herbe à curry

Helichrysum angustifolium

Le parfum envoûtant de cette petite plante vivace étonne toujours. C'est en été, lorsque le soleil caresse ses feuilles allongées et grisâtres, qu'elle dégage ses effluves de curry.

Hauteur : 50 cm.

Floraison : été.

Exposition : soleil.

Sol : bien drainé.

Utilisations : sa floraison jaune en capitules dure tout l'été et permet de confectionner de jolis bouquets secs qui se conservent plusieurs mois. L'herbe à curry peut s'employer en cuisine, partout où l'on souhaite apporter une touche de curry. On l'ajoute alors en toute fin de cuisson, mais le goût de cette plante n'est pas aussi puissant que son odeur le laisse supposer.

Propriétés : elle possède des propriétés antifongiques et antibactériennes.

Laurier-sauce

Laurus nobilis

Les feuilles ovales de cet arbre d'aspect assez sombre et au feuillage persistant sont coriaces et légèrement brillantes. Ne pas confondre le laurier-sauce avec les autres plantes, appelées lauriers, présentes dans les jardins pour réaliser des haies.

Hauteur : jusqu'à 15 m.

Floraison : printemps.

Exposition : ensoleillée.

Sol : bien drainé.

Utilisations : le laurier se récolte toute l'année, mais séchez les feuilles une semaine avant de les utiliser, les feuilles fraîches étant légèrement toxiques. Le laurier est un élément incontournable du bouquet garni, et accompagne essentiellement les viandes grillées et les rôtis. Il parfume aussi les plats de poissons, les soupes et différentes sauces pour gibiers.

Propriétés : le laurier est antiseptique, bactéricide, sudorifique et diurétique.

Lavande

Lavandula angustifolia

On peut cultiver cette belle plante vivace à la magnifique floraison bleue ailleurs que dans ces grands champs en Provence d'où elle parvient à s'échapper.

Hauteur : 50 à 70 cm.

Floraison : mai à septembre.

Exposition : soleil.

Sol : bien drainé.

Utilisations : son feuillage grisâtre et persistant est décoratif. Les fleurs de lavande servent à parfumer différents desserts : sorbets, salades de fruits, ou du sirop.

Propriétés : les propriétés médicinales de la lavande sont nombreuses ; elle possède des vertus antiseptiques et calmantes. Elle est efficace pour apaiser les piqûres d'insectes, les brûlures et les coups de soleil. Certains l'utilisent contre les maux de tête.

Menthe

Mentha spicata

Vigoureuse et agréablement parfumée, cette plante vivace se développe rapidement à partir de ses racines qu'il faut souvent canaliser pour ne pas se laisser envahir. Ses fleurs apparaissent en été sur des épis allongés.

Hauteur : 40 à 70 cm.

Floraison : été.

Exposition : mi-ombre.

Sol : riche en matières organiques.

Utilisations : ses utilisations culinaires sont nombreuses et différentes en fonction des pays où on la trouve, mais également en fonction des différentes variétés. Elle peut parfumer le thé ou les infusions, aromatiser le taboulé, les nems…

Propriétés : la menthe reste très utilisée dans les produits cosmétiques et elle est souvent prise en infusion pour ses vertus digestives et tonifiantes.

Origan

Origanum vulgare

De belles fleurs rose pâle, entourées de bractées pourpres en été, qui dominent de petites feuilles ovales légèrement veloutées, voici ce qui caractérise cette belle petite plante vivace.

Hauteur : 25 à 50 cm.

Floraison : été.

Exposition : soleil, mi-ombre.

Sol : riche, léger et bien drainé.

Utilisations : c'est avec les tomates cuites que l'origan se marie le mieux. Mais rien n'interdit de l'utiliser avec d'autres légumes, le riz, les pâtes ou les poissons.

Propriétés : l'origan possède des vertus digestives, antiseptiques, antalgiques et antispasmodiques. C'est un bon stimulant, utilisé pour combattre la fatigue nerveuse. Les feuilles fraîches calment les démangeaisons dues aux piqûres d'insectes.

Oseille

Rumex acetosa

Cette robuste plante vivace possède de larges feuilles oblongues et caduques.

Hauteur : 30 à 80 cm.

Floraison : avril à juillet.

Exposition : soleil, mi-ombre.

Sol : riche.

Utilisations : l'oseille est appréciée en cuisine où elle apporte une petite note acidulée aux salades, aux potages, avec les quiches ou les omelettes. Elle accompagne aussi les poissons gras, le veau et le porc.

Propriétés : les feuilles riches en vitamines (A, B1 et C), en fibres et en minéraux s'utilisent crues ou cuites. Cette plante est surtout employée en cuisine, mais elle possède aussi des vertus médicinales : elle est diurétique, digestive, apéritive et laxative. En usage externe, elle est cicatrisante et astringente.

Persil

Petroselinum crispum

La plus commune des plantes aromatiques est une plante herbacée bisannuelle qui développe durant la première année son feuillage parfumé. Apparaissent ensuite ses fleurs au printemps de la deuxième année, puis la plante meurt.

Hauteur : 30 à 90 cm.

Floraison : juin à septembre.

Exposition : mi-ombre.

Sol : riche et frais.

Utilisations : le persil est malheureusement souvent cantonné à un rôle décoratif, alors qu'il aromatise avec bonheur toutes sortes de plats : les potages, les poissons, les crudités, les sauces. On le consomme également en purée. C'est un composant essentiel du bouquet garni.

Propriétés : le persil est riche en vitamines A et C. Il soulage les douleurs dentaires. La racine de persil est connue pour ses vertus apéritives et diurétiques.

Pimprenelle

Sanguisorba minor

Présente à l'état spontané dans de nombreuses prairies, jusqu'en montagne, cette petite plante vivace se développe en touffes.

Hauteur : 40 cm.

Floraison : été.

Exposition : soleil, mi-ombre.

Sol : riche, léger et bien drainé.

Utilisations : ses feuilles, composées de nombreuses petites folioles dentées, possèdent un goût puissant qui rappelle le concombre et la noisette. Le parfum si particulier de cette plante aromatise toutes sortes de salades, les crudités, les soupes, le fromage blanc et certaines sauces.

Propriétés : la pimprenelle est connue pour ses propriétés hémostatiques, digestives et apéritives.

Romarin

Rosmarinus officinalis

Cette grande plante arbustive pousse jusqu'à 1,50 m de haut. Ses feuilles fines et coriaces sont persistantes et très aromatiques. Sa floraison est souvent assez pâle, rose ou bleue.

Hauteur : 70 à 150 cm.

Floraison : janvier à l'automne.

Exposition : soleil.

Sol : bien drainé.

Utilisations : très apprécié en cuisine, le romarin accompagne toutes sortes de viandes, gibiers, grillades, mais aussi les poissons, les marinades et de nombreux légumes. C'est une bonne plante mellifère, appréciée des apiculteurs pour la qualité du miel qu'elle permet d'obtenir, mais aussi en raison de sa durée de floraison.

Propriétés : le romarin est efficace pour soigner les affections respiratoires, les rhumatismes, et est aussi un bon microbicide.

Sarriette

Satureja montana

La saveur épicée de cette petite plante vivace lui permet de conserver une place de choix dans la cuisine méditerranéenne.

Hauteur : 40 à 50 cm.

Floraison : juin à septembre.

Exposition : soleil.

Sol : drainé, léger.

Utilisations : ses longues feuilles fines et coriaces, mais aussi ses belles fleurs blanches, s'utilisent pour parfumer les légumes secs. La sarriette accompagne à merveille les légumes d'été et se révèle excellente avec de nombreuses viandes, dont notamment les grillades.

Propriétés : la sarriette ou « pèbre d'ai » en Provençal, n'est pas dépourvue de vertus médicinales. On lui prête des propriétés antiseptiques, bactéricides, digestives, expectorantes, c'est aussi un bon vermifuge.

Sauge

Salvia officinalis

C'est à la fois pour ses propriétés médicinales, mais aussi pour son aspect décoratif que l'on cultive ce bel arbrisseau méditerranéen. Ses belles fleurs bleu violacé tranchent avec son feuillage large, épais et grisâtre.

Hauteur : 30 à 60 cm.

Floraison : avril à juin.

Exposition : soleil.

Sol : bien drainé.

Utilisations : souvent employée pour accompagner les viandes blanches, les gibiers et les poissons, elle aromatise également avec bonheur les pâtes ou le riz.

Propriétés : « Qui a de la sauge dans son jardin ne voit pas le médecin » : la tradition populaire loue ses vertus, avérées et nombreuses. On lui connaît des propriétés antiseptiques, emménagogues et toniques. La sauge est souvent prise en infusion pour lutter contre les infections respiratoires et les troubles digestifs.

Thym

Thymus vulgaris

Cette petite plante vivace de la garrigue, très aromatique, pousse en petites touffes denses. Son feuillage gris vert est persistant, ses petites feuilles sont assez coriaces et ses fleurs rose pâle.

Hauteur : 30 à 40 cm.

Floraison : juin-juillet.

Exposition : soleil.

Sol : bien drainé.

Utilisations : le thym accompagne avec bonheur toutes sortes de viandes, les grillades, les ragoûts, le pot-au-feu, mais aussi de nombreux légumes et les poissons ou les potages. C'est un élément indispensable du bouquet garni.

Propriétés : pris en infusion, il aide à lutter contre les petits rhumes ou les angines. Ses vertus antiseptiques et bactéricides sont bien connues des aromathérapeutes, mais le thym possède de nombreuses autres propriétés.

Index

Les chiffres en gras indiquent les portraits des aromatiques.

Remerciements
Flore Palix tient à remercier toute l'équipe du Magasin Vert de Paimpol ainsi que celle des Compagnons des saisons à Yffignac (Côtes d'Armor).

Crédits photographiques
Toutes les photos sont de Flore Palix, sauf :
pp. 6-7 : Romaneau/Fotolia,
p. 12 : Franck Boucourt/Cap-photos (jardin Le bois pinard/Marie Marcat),
p. 16 : Éric Brenckle/Cap-photos (jardin de Valenciennes),
p. 17 : Franck Boucourt/Cap-photos (jardin Le bois pinard/Marie Marcat).

Conception graphique :
Laurent Quellet

Mise en pages :
Véronique Sommeilly / S puissance 3

Suivi éditorial :
Frédérique Chavance
assistée de Delphine Aslan

Fabrication :
Anne Floutier (F10007)

N° éditeur : 49458

Photogravure :
IGS

Achevé d'imprimer en avril 2010
par l'imprimerie Pollina (France) - L53077